D1168935

Thank you for being our valued customer

We will be grateful if you shared this happy experience in the online review section.
This helpes us to continue providing great products
and helps potential buyers to make a confident decision.

Brand Name: Zebra Lines Publishing

PHOTO OF ME AND MY PET

THIS BOOK BELONGS TO

NAME :

ADDRESS :

PHONE :

PUPPY DETAILS

NAME :

BREED :

BIRTHDAY :

GENDER :

ID CHIP :

ALLERGIES :

SKIN COLOR:

EYE COLOR:

WEIGHT:

MEDICAL CONDITIONS:

SPECIAL MARKINGS:

FAVORITE TOYS:

NOTES :

VET. INFO

NAME :

PHONE :

EMAIL :

ADDRESS :

HOSPITAL INFO

NAME/BUSINESS :

PHONE :

EMAIL :

ADDRESS :

PET INSURANCE DETAILS

INSURANCE COMPANY:

POLICY TYPE:

POLICY NUMBER:

CONTACT:

DETAILS:

VET. VISIT LOG

DATE : _____

AGE : (_____)   **TIME :** (_____)

Routine Visit : (___)   **Emergency Visit :** (___)

VET. DETAILS : (_____)
(_____)

REASON FOR VISIT : (_____)

SHOTS : (_____)

MEDICATION : (_____)

OTHER TREATMENT : (_____)

COMMENTS : (_____)

NOTES :

_____
_____
_____
_____

VET. VISIT LOG

DATE :

AGE :   **TIME :**

Routine Visit :   **Emergency Visit :**

VET. DETAILS :

REASON FOR VISIT :

SHOTS :

MEDICATION :

OTHER TREATMENT :

COMMENTS :

NOTES :

VET. VISIT LOG

DATE : _____

AGE : _____ **TIME :** _____

Routine Visit : _____ **Emergency Visit :** _____

VET. DETAILS : _____

_____

REASON FOR VISIT : _____

SHOTS : _____

MEDICATION : _____

OTHER TREATMENT : _____

COMMENTS : _____

NOTES :

_____

_____

_____

_____

VET. VISIT LOG

DATE : _____

AGE : (_____)   **TIME :** (_____)

Routine Visit : ( )   **Emergency Visit :** ( )

VET. DETAILS : (_____)
(_____)

REASON FOR VISIT : (_____)

SHOTS : (_____)

MEDICATION : (_____)

OTHER TREATMENT : (_____)

COMMENTS : (_____)

NOTES :

_____
_____
_____
_____

VET. VISIT LOG

DATE : _____

AGE : _____ TIME : _____

Routine Visit : ⬭ Emergency Visit : ⬭

VET. DETAILS : _____

_____

REASON FOR VISIT : _____

SHOTS : _____

MEDICATION : _____

OTHER TREATMENT : _____

COMMENTS : _____

NOTES :

_____

_____

_____

_____

VET. VISIT LOG

DATE :

AGE : **TIME :**

Routine Visit : **Emergency Visit :**

VET. DETAILS :

REASON FOR VISIT :

SHOTS :

MEDICATION :

OTHER TREATMENT :

COMMENTS :

NOTES :

VET. VISIT LOG

DATE :

AGE :   **TIME :**

Routine Visit :   **Emergency Visit :**

VET. DETAILS :

REASON FOR VISIT :

SHOTS :

MEDICATION :

OTHER TREATMENT :

COMMENTS :

NOTES :

VET. VISIT LOG

DATE : _____

AGE : ( ) **TIME :** ( )

Routine Visit : ( ) **Emergency Visit :** ( )

VET. DETAILS : ( )
( )

REASON FOR VISIT : ( )

SHOTS : ( )

MEDICATION : ( )

OTHER TREATMENT : ( )

COMMENTS : ( )

NOTES :

_____

_____

_____

_____

VET. VISIT LOG

DATE : _____

AGE : _____   **TIME :** _____

Routine Visit : _____   **Emergency Visit :** _____

VET. DETAILS : _____
_____

REASON FOR VISIT : _____

SHOTS : _____

MEDICATION : _____

OTHER TREATMENT : _____

COMMENTS : _____

NOTES :

_____
_____
_____
_____

VET. VISIT LOG

DATE : ⎯⎯⎯⎯⎯⎯⎯⎯

AGE : ⬭   **TIME :** ⬭

Routine Visit : ⬭   **Emergency Visit :** ⬭

VET. DETAILS : ⬭

⬭

REASON FOR VISIT : ⬭

SHOTS : ⬭

MEDICATION : ⬭

OTHER TREATMENT : ⬭

COMMENTS : ⬭

NOTES :

VET. VISIT LOG

DATE : _____

AGE : (_____)   **TIME :** (_____)

Routine Visit : (_____)   **Emergency Visit :** (_____)

VET. DETAILS : (_____)
(_____)

REASON FOR VISIT : (_____)

SHOTS : (_____)

MEDICATION : (_____)

OTHER TREATMENT : (_____)

COMMENTS : (_____)

NOTES :

_____
_____
_____
_____

VET. VISIT LOG

DATE : _____

AGE : ( ) **TIME :** ( )

Routine Visit : ( ) **Emergency Visit :** ( )

VET. DETAILS : ( )
( )

REASON FOR VISIT : ( )

SHOTS : ( )

MEDICATION : ( )

OTHER TREATMENT : ( )

COMMENTS : ( )

NOTES :

_____

_____

_____

_____

VET. VISIT LOG

DATE : _____

AGE : ⬭   **TIME :** ⬭

Routine Visit : ⬭   **Emergency Visit :** ⬭

VET. DETAILS : ⬭

⬭

REASON FOR VISIT : ⬭

SHOTS : ⬭

MEDICATION : ⬭

OTHER TREATMENT : ⬭

COMMENTS : ⬭

NOTES :

_____

_____

_____

_____

VET. VISIT LOG

DATE :

AGE :   **TIME :**

Routine Visit :   **Emergency Visit :**

VET. DETAILS :

REASON FOR VISIT :

SHOTS :

MEDICATION :

OTHER TREATMENT :

COMMENTS :

NOTES :

VET. VISIT LOG

DATE : _____

AGE : ⬭ **TIME :** ⬭

Routine Visit : ⬭ **Emergency Visit :** ⬭

VET. DETAILS : ⬭
⬭

REASON FOR VISIT : ⬭

SHOTS : ⬭

MEDICATION : ⬭

OTHER TREATMENT : ⬭

COMMENTS : ⬭

NOTES :

_____
_____
_____
_____

VET. VISIT LOG

DATE : _____

AGE : ( )   **TIME :** ( )

Routine Visit : ( )   **Emergency Visit :** ( )

VET. DETAILS : ( )
( )

REASON FOR VISIT : ( )

SHOTS : ( )

MEDICATION : ( )

OTHER TREATMENT : ( )

COMMENTS : ( )

NOTES :

_____

_____

_____

_____

VET. VISIT LOG

DATE : _____

AGE : (_____)　　**TIME :** (_____)

Routine Visit : (____)　　**Emergency Visit :** (____)

VET. DETAILS : (_____)
(_____)

REASON FOR VISIT : (_____)

SHOTS : (_____)

MEDICATION : (_____)

OTHER TREATMENT : (_____)

COMMENTS : (_____)

NOTES :

_____

_____

_____

_____

VET. VISIT LOG

DATE : _____

AGE : ( )   TIME : ( )

Routine Visit : ( )   Emergency Visit : ( )

VET. DETAILS : ( )
( )

REASON FOR VISIT : ( )

SHOTS : ( )

MEDICATION : ( )

OTHER TREATMENT : ( )

COMMENTS : ( )

NOTES :

_____

_____

_____

_____

VET. VISIT LOG

DATE : _____

AGE : ( ) **TIME :** ( )

Routine Visit : ( ) **Emergency Visit :** ( )

VET. DETAILS : ( )
( )

REASON FOR VISIT : ( )

SHOTS : ( )

MEDICATION : ( )

OTHER TREATMENT : ( )

COMMENTS : ( )

NOTES :

_____

_____

_____

_____

VET. VISIT LOG

DATE : _____

AGE : ( ) **TIME :** ( )

Routine Visit : ( ) **Emergency Visit :** ( )

VET. DETAILS : ( )
( )

REASON FOR VISIT : ( )

SHOTS : ( )

MEDICATION : ( )

OTHER TREATMENT : ( )

COMMENTS : ( )

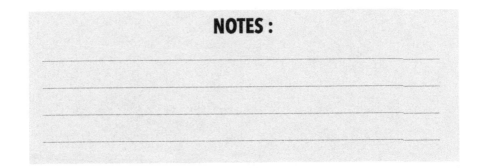

NOTES :

_____
_____
_____
_____

VET. VISIT LOG

DATE : _____

AGE : ( ) **TIME :** ( )

Routine Visit : ( ) **Emergency Visit :** ( )

VET. DETAILS : ( )

( )

REASON FOR VISIT : ( )

SHOTS : ( )

MEDICATION : ( )

OTHER TREATMENT : ( )

COMMENTS : ( )

NOTES :

_____

_____

_____

_____

VET. VISIT LOG

DATE :

AGE : **TIME :**

Routine Visit : **Emergency Visit :**

VET. DETAILS :

REASON FOR VISIT :

SHOTS :

MEDICATION :

OTHER TREATMENT :

COMMENTS :

NOTES :

VET. VISIT LOG

DATE : _____

AGE : (   )   TIME : (   )

Routine Visit : (   )   Emergency Visit : (   )

VET. DETAILS : (   )
(   )

REASON FOR VISIT : (   )

SHOTS : (   )

MEDICATION : (   )

OTHER TREATMENT : (   )

COMMENTS : (   )

NOTES :

_____

_____

_____

_____

VET. VISIT LOG

DATE : _____

AGE : (   )   **TIME :** (   )

Routine Visit : (   )   **Emergency Visit :** (   )

VET. DETAILS : (   )
(   )

REASON FOR VISIT : (   )

SHOTS : (   )

MEDICATION : (   )

OTHER TREATMENT : (   )

COMMENTS : (   )

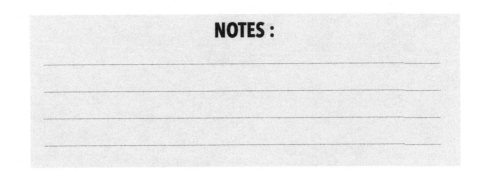

NOTES :

_____
_____
_____
_____

VET. VISIT LOG

DATE : _____

AGE : (_____) **TIME :** (_____)

Routine Visit : (___) **Emergency Visit :** (___)

VET. DETAILS : (_____)
(_____)

REASON FOR VISIT : (_____)

SHOTS : (_____)

MEDICATION : (_____)

OTHER TREATMENT : (_____)

COMMENTS : (_____)

NOTES :

_____

_____

_____

_____

VET. VISIT LOG

DATE : _____

AGE : ⬭   TIME : ⬭

Routine Visit : ⬭   Emergency Visit : ⬭

VET. DETAILS : ⬭

⬭

REASON FOR VISIT : ⬭

SHOTS : ⬭

MEDICATION : ⬭

OTHER TREATMENT : ⬭

COMMENTS : ⬭

NOTES :

_____

_____

_____

_____

VET. VISIT LOG

DATE : _____

AGE : ( ) **TIME :** ( )

Routine Visit : ( ) **Emergency Visit :** ( )

VET. DETAILS : (_____)
(_____)

REASON FOR VISIT : (_____)

SHOTS : (_____)

MEDICATION : (_____)

OTHER TREATMENT : (_____)

COMMENTS : (_____)

NOTES :

_____
_____
_____
_____

VET. VISIT LOG

DATE : _____

AGE : ⟨_____⟩ **TIME :** ⟨_____⟩

Routine Visit : ⟨___⟩ **Emergency Visit :** ⟨___⟩

VET. DETAILS : ⟨_____⟩
⟨_____⟩

REASON FOR VISIT : ⟨_____⟩

SHOTS : ⟨_____⟩

MEDICATION : ⟨_____⟩

OTHER TREATMENT : ⟨_____⟩

COMMENTS : ⟨_____⟩

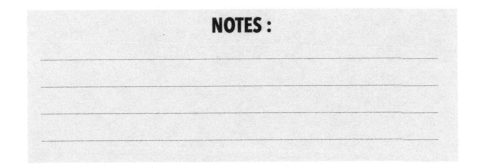

NOTES :

_____

_____

_____

_____

VET. VISIT LOG

DATE : _____

AGE : ( )   **TIME :** ( )

Routine Visit : ( )   **Emergency Visit :** ( )

VET. DETAILS : (_____)
(_____)

REASON FOR VISIT : (_____)

SHOTS : (_____)

MEDICATION : (_____)

OTHER TREATMENT : (_____)

COMMENTS : (_____)

NOTES :

_____
_____
_____
_____

VET. VISIT LOG

DATE : _____

AGE : (   )   **TIME :** (   )

Routine Visit : (   )   **Emergency Visit :** (   )

VET. DETAILS : (_____)
(_____)

REASON FOR VISIT : (_____)

SHOTS : (_____)

MEDICATION : (_____)

OTHER TREATMENT : (_____)

COMMENTS : (_____)

NOTES :

_____

_____

_____

_____

VET. VISIT LOG

DATE : _____

AGE : ( ) **TIME :** ( )

Routine Visit : ( ) **Emergency Visit :** ( )

VET. DETAILS : ( )
( )

REASON FOR VISIT : ( )

SHOTS : ( )

MEDICATION : ( )

OTHER TREATMENT : ( )

COMMENTS : ( )

NOTES :

_____

_____

_____

_____

VET. VISIT LOG

DATE : _____

AGE : ⬭ **TIME :** ⬭

Routine Visit : ⬭ **Emergency Visit :** ⬭

VET. DETAILS : _____

_____

REASON FOR VISIT : _____

SHOTS : _____

MEDICATION : _____

OTHER TREATMENT : _____

COMMENTS : _____

NOTES :

_____

_____

_____

_____

VET. VISIT NOTES

VET. VISIT NOTES

VET. VISIT NOTES

VET. VISIT LOG

DATE : _____

AGE : ⬭ **TIME :** ⬭

Routine Visit : ⬭ **Emergency Visit :** ⬭

VET. DETAILS : _____
_____

REASON FOR VISIT : _____

SHOTS : _____

MEDICATION : _____

OTHER TREATMENT : _____

COMMENTS : _____

NOTES :

_____
_____
_____
_____

VET. VISIT LOG

DATE : _____

AGE : (   ) **TIME :** (   )

Routine Visit : (   ) **Emergency Visit :** (   )

VET. DETAILS : (   )
(   )

REASON FOR VISIT : (   )

SHOTS : (   )

MEDICATION : (   )

OTHER TREATMENT : (   )

COMMENTS : (   )

NOTES :

_____
_____
_____
_____

VET. VISIT LOG

DATE : _____

AGE : ⬭   TIME : ⬭

Routine Visit : ⬭   Emergency Visit : ⬭

VET. DETAILS : _____

_____

REASON FOR VISIT : _____

SHOTS : _____

MEDICATION : _____

OTHER TREATMENT : _____

COMMENTS : _____

NOTES :

_____

_____

_____

_____

VET. VISIT LOG

DATE : _____

AGE : ⬭   **TIME :** ⬭

Routine Visit : ⬭   **Emergency Visit :** ⬭

VET. DETAILS : ⬭
⬭

REASON FOR VISIT : ⬭

SHOTS : ⬭

MEDICATION : ⬭

OTHER TREATMENT : ⬭

COMMENTS : ⬭

NOTES :

_____
_____
_____
_____

VET. VISIT LOG

DATE : —————————————

AGE : ⬭⬭⬭⬭   **TIME :** ⬭⬭⬭⬭

Routine Visit : ⬭   **Emergency Visit :** ⬭

VET. DETAILS : ⬭⬭⬭⬭⬭⬭⬭⬭⬭⬭⬭⬭⬭⬭⬭
⬭⬭⬭⬭⬭⬭⬭⬭⬭⬭⬭⬭⬭⬭⬭

REASON FOR VISIT : ⬭⬭⬭⬭⬭⬭⬭⬭⬭

SHOTS : ⬭⬭⬭⬭⬭⬭⬭⬭⬭⬭⬭⬭⬭

MEDICATION : ⬭⬭⬭⬭⬭⬭⬭⬭⬭⬭⬭

OTHER TREATMENT : ⬭⬭⬭⬭⬭⬭⬭⬭

COMMENTS : ⬭⬭⬭⬭⬭⬭⬭⬭⬭⬭⬭⬭

NOTES :

———————————————————————
———————————————————————
———————————————————————
———————————————————————

VET. VISIT LOG

DATE : ⎯⎯⎯⎯⎯⎯⎯⎯

AGE : ⬭ **TIME :** ⬭

Routine Visit : ⬭ **Emergency Visit :** ⬭

VET. DETAILS :

REASON FOR VISIT :

SHOTS :

MEDICATION :

OTHER TREATMENT :

COMMENTS :

NOTES :

VET. VISIT LOG

DATE : ⎯⎯⎯⎯⎯⎯⎯⎯

AGE : ⬭ **TIME :** ⬭

Routine Visit : ⬭ **Emergency Visit :** ⬭

VET. DETAILS : ⬭

⬭

REASON FOR VISIT : ⬭

SHOTS : ⬭

MEDICATION : ⬭

OTHER TREATMENT : ⬭

COMMENTS : ⬭

NOTES :

VET. VISIT LOG

DATE : _____

AGE : ⬭ **TIME :** ⬭

Routine Visit : ⬭ **Emergency Visit :** ⬭

VET. DETAILS : _____
_____

REASON FOR VISIT : _____

SHOTS : _____

MEDICATION : _____

OTHER TREATMENT : _____

COMMENTS : _____

NOTES :

_____
_____
_____
_____

VET. VISIT LOG

DATE : _____

AGE : (_____)　　**TIME :** (_____)

Routine Visit : (__)　　**Emergency Visit :** (__)

VET. DETAILS : (_____)
(_____)

REASON FOR VISIT : (_____)

SHOTS : (_____)

MEDICATION : (_____)

OTHER TREATMENT : (_____)

COMMENTS : (_____)

NOTES :

_____

_____

_____

_____

VET. VISIT LOG

DATE : _____

AGE : ( )　　**TIME :** ( )

Routine Visit : ( )　　**Emergency Visit :** ( )

VET. DETAILS : ( )
( )

REASON FOR VISIT : ( )

SHOTS : ( )

MEDICATION : ( )

OTHER TREATMENT : ( )

COMMENTS : ( )

NOTES :

_____
_____
_____
_____

VET. VISIT LOG

DATE : ―――――――――――

AGE : ⬭ **TIME :** ⬭

Routine Visit : ⬭ **Emergency Visit :** ⬭

VET. DETAILS : ⬭

⬭

REASON FOR VISIT : ⬭

SHOTS : ⬭

MEDICATION : ⬭

OTHER TREATMENT : ⬭

COMMENTS : ⬭

NOTES :

――――――――――――――――――
――――――――――――――――――
――――――――――――――――――
――――――――――――――――――

VET. VISIT LOG

DATE : _____

AGE : ( )   **TIME :** ( )

Routine Visit : ( )   **Emergency Visit :** ( )

VET. DETAILS : ( )
( )

REASON FOR VISIT : ( )

SHOTS : ( )

MEDICATION : ( )

OTHER TREATMENT : ( )

COMMENTS : ( )

NOTES :

_____
_____
_____
_____

VET. VISIT LOG

DATE : _____

AGE : (   )   **TIME :** (   )

Routine Visit : (   )   **Emergency Visit :** (   )

VET. DETAILS : (_____)

(_____)

REASON FOR VISIT : (_____)

SHOTS : (_____)

MEDICATION : (_____)

OTHER TREATMENT : (_____)

COMMENTS : (_____)

NOTES :

VET. VISIT LOG

DATE : —————————

AGE : ( )   **TIME :** ( )

Routine Visit : ( )   **Emergency Visit :** ( )

VET. DETAILS : (   )
(   )

REASON FOR VISIT : (   )

SHOTS : (   )

MEDICATION : (   )

OTHER TREATMENT : (   )

COMMENTS : (   )

NOTES :

_____

_____

_____

_____

VET. VISIT LOG

DATE :

AGE : **TIME :**

Routine Visit : **Emergency Visit :**

VET. DETAILS :

REASON FOR VISIT :

SHOTS :

MEDICATION :

OTHER TREATMENT :

COMMENTS :

NOTES :

VET. VISIT LOG

DATE : ⎯⎯⎯⎯⎯⎯⎯⎯

AGE : ( ) **TIME :** ( )

Routine Visit : ( ) **Emergency Visit :** ( )

VET. DETAILS : ( )
( )

REASON FOR VISIT : ( )

SHOTS : ( )

MEDICATION : ( )

OTHER TREATMENT : ( )

COMMENTS : ( )

NOTES :

⎯⎯⎯⎯⎯⎯⎯⎯⎯⎯⎯⎯⎯⎯⎯⎯
⎯⎯⎯⎯⎯⎯⎯⎯⎯⎯⎯⎯⎯⎯⎯⎯
⎯⎯⎯⎯⎯⎯⎯⎯⎯⎯⎯⎯⎯⎯⎯⎯
⎯⎯⎯⎯⎯⎯⎯⎯⎯⎯⎯⎯⎯⎯⎯⎯

VET. VISIT LOG

DATE : _____

AGE : (　　　　)   **TIME :** (　　　　)

Routine Visit : (　　)   **Emergency Visit :** (　　)

VET. DETAILS : (　　　　　　　　　　　　　　　　)
(　　　　　　　　　　　　　　　　)

REASON FOR VISIT : (　　　　　　　　　　　　)

SHOTS : (　　　　　　　　　　　　　　　　)

MEDICATION : (　　　　　　　　　　　　　　)

OTHER TREATMENT : (　　　　　　　　　　　　)

COMMENTS : (　　　　　　　　　　　　　　　)

NOTES :

_____

_____

_____

_____

VET. VISIT LOG

DATE : _____

AGE : ( ) **TIME :** ( )

Routine Visit : ( ) **Emergency Visit :** ( )

VET. DETAILS : (_____)
(_____)

REASON FOR VISIT : (_____)

SHOTS : (_____)

MEDICATION : (_____)

OTHER TREATMENT : (_____)

COMMENTS : (_____)

NOTES :

_____
_____
_____
_____

VET. VISIT LOG

DATE :

AGE : **TIME :**

Routine Visit : **Emergency Visit :**

VET. DETAILS :

REASON FOR VISIT :

SHOTS :

MEDICATION :

OTHER TREATMENT :

COMMENTS :

NOTES :

VET. VISIT LOG

DATE : _____

AGE : (_____)   **TIME :** (_____)

Routine Visit : (___)   **Emergency Visit :** (___)

VET. DETAILS : (_____)
(_____)

REASON FOR VISIT : (_____)

SHOTS : (_____)

MEDICATION : (_____)

OTHER TREATMENT : (_____)

COMMENTS : (_____)

NOTES :

_____

_____

_____

_____

VET. VISIT LOG

DATE : _____

AGE : ( )   **TIME :** ( )

Routine Visit : ( )   **Emergency Visit :** ( )

VET. DETAILS : ( )
( )

REASON FOR VISIT : ( )

SHOTS : ( )

MEDICATION : ( )

OTHER TREATMENT : ( )

COMMENTS : ( )

NOTES :

_____
_____
_____
_____

VET. VISIT LOG

DATE : _____

AGE : ( ) **TIME :** ( )

Routine Visit : ( ) **Emergency Visit :** ( )

VET. DETAILS : (_____)
(_____)

REASON FOR VISIT : (_____)

SHOTS : (_____)

MEDICATION : (_____)

OTHER TREATMENT : (_____)

COMMENTS : (_____)

NOTES :

_____
_____
_____
_____

VET. VISIT LOG

DATE :

AGE :   **TIME :**

Routine Visit :   **Emergency Visit :**

VET. DETAILS :

REASON FOR VISIT :

SHOTS :

MEDICATION :

OTHER TREATMENT :

COMMENTS :

NOTES :

VET. VISIT LOG

DATE : —————————————

AGE : ( ) **TIME :** ( )

Routine Visit : ( ) **Emergency Visit :** ( )

VET. DETAILS : ( )
( )

REASON FOR VISIT : ( )

SHOTS : ( )

MEDICATION : ( )

OTHER TREATMENT : ( )

COMMENTS : ( )

NOTES :

_____

_____

_____

_____

VET. VISIT LOG

DATE : _____

AGE : (_____)   **TIME :** (_____)

Routine Visit : ( )   **Emergency Visit :** ( )

VET. DETAILS : (_____)
(_____)

REASON FOR VISIT : (_____)

SHOTS : (_____)

MEDICATION : (_____)

OTHER TREATMENT : (_____)

COMMENTS : (_____)

NOTES :

_____
_____
_____
_____

VET. VISIT LOG

DATE : _____

AGE : ⬭ TIME : ⬭

Routine Visit : ⬭ Emergency Visit : ⬭

VET. DETAILS : _____

_____

REASON FOR VISIT : _____

SHOTS : _____

MEDICATION : _____

OTHER TREATMENT : _____

COMMENTS : _____

NOTES :

_____

_____

_____

_____

VET. VISIT LOG

DATE : _____

AGE : ⬭ **TIME :** ⬭

Routine Visit : ⬭ **Emergency Visit :** ⬭

VET. DETAILS : ⬭
⬭

REASON FOR VISIT : ⬭

SHOTS : ⬭

MEDICATION : ⬭

OTHER TREATMENT : ⬭

COMMENTS : ⬭

NOTES :

_____
_____
_____
_____

VET. VISIT LOG

DATE :

AGE :   **TIME :**

Routine Visit :   **Emergency Visit :**

VET. DETAILS :

REASON FOR VISIT :

SHOTS :

MEDICATION :

OTHER TREATMENT :

COMMENTS :

NOTES :

VET. VISIT LOG

DATE : _____

AGE : _____ **TIME :** _____

Routine Visit : ◯ **Emergency Visit :** ◯

VET. DETAILS : _____
_____

REASON FOR VISIT : _____

SHOTS : _____

MEDICATION : _____

OTHER TREATMENT : _____

COMMENTS : _____

NOTES :

_____
_____
_____
_____

VET. VISIT LOG

DATE : _____

AGE : (_____) **TIME :** (_____)

Routine Visit : ( ) **Emergency Visit :** ( )

VET. DETAILS : (_____)
(_____)

REASON FOR VISIT : (_____)

SHOTS : (_____)

MEDICATION : (_____)

OTHER TREATMENT : (_____)

COMMENTS : (_____)

NOTES :

_____
_____
_____
_____

VET. VISIT LOG

DATE : ⎯⎯⎯⎯⎯⎯⎯⎯⎯⎯

AGE : ⬭　　　　**TIME :** ⬭

Routine Visit : ⬭　　　**Emergency Visit :** ⬭

VET. DETAILS : ⬭

⬭

REASON FOR VISIT : ⬭

SHOTS : ⬭

MEDICATION : ⬭

OTHER TREATMENT : ⬭

COMMENTS : ⬭

NOTES :

⎯⎯⎯⎯⎯⎯⎯⎯⎯⎯⎯⎯⎯⎯⎯⎯⎯⎯⎯⎯⎯⎯⎯⎯⎯⎯

⎯⎯⎯⎯⎯⎯⎯⎯⎯⎯⎯⎯⎯⎯⎯⎯⎯⎯⎯⎯⎯⎯⎯⎯⎯⎯

⎯⎯⎯⎯⎯⎯⎯⎯⎯⎯⎯⎯⎯⎯⎯⎯⎯⎯⎯⎯⎯⎯⎯⎯⎯⎯

⎯⎯⎯⎯⎯⎯⎯⎯⎯⎯⎯⎯⎯⎯⎯⎯⎯⎯⎯⎯⎯⎯⎯⎯⎯⎯

VET. VISIT LOG

DATE : _____

AGE : ( )   **TIME :** ( )

Routine Visit : ( )   **Emergency Visit :** ( )

VET. DETAILS : ( )
( )

REASON FOR VISIT : ( )

SHOTS : ( )

MEDICATION : ( )

OTHER TREATMENT : ( )

COMMENTS : ( )

NOTES :

_____
_____
_____
_____

VET. VISIT LOG

DATE : ─────────

AGE : ⬭ **TIME :** ⬭

Routine Visit : ⬭ **Emergency Visit :** ⬭

VET. DETAILS : ⬭

REASON FOR VISIT : ⬭

SHOTS : ⬭

MEDICATION : ⬭

OTHER TREATMENT : ⬭

COMMENTS : ⬭

NOTES :

VET. VISIT NOTES

_____

_____
_____
_____
_____
_____
_____
_____
_____
_____
_____
_____
_____
_____
_____
_____
_____
_____
_____
_____
_____
_____
_____
_____
_____
_____
_____
_____

VET. VISIT NOTES

_____

_____
_____
_____
_____
_____
_____
_____
_____
_____
_____
_____
_____
_____
_____
_____
_____
_____
_____
_____
_____
_____
_____
_____
_____
_____

VET. VISIT NOTES

VET. VISIT LOG

DATE : _____

AGE : (_____) **TIME :** (_____)

Routine Visit : ( ) **Emergency Visit :** ( )

VET. DETAILS : (_____)
(_____)

REASON FOR VISIT : (_____)

SHOTS : (_____)

MEDICATION : (_____)

OTHER TREATMENT : (_____)

COMMENTS : (_____)

NOTES :

_____

_____

_____

_____

VET. VISIT LOG

DATE : ⸺⸺⸺⸺⸺⸺⸺⸺

AGE : ⬭⬭⬭ **TIME :** ⬭⬭⬭

Routine Visit : ⬭ **Emergency Visit :** ⬭

VET. DETAILS : ⬭⬭⬭⬭⬭

⬭⬭⬭⬭⬭⬭⬭⬭⬭

REASON FOR VISIT : ⬭⬭⬭⬭

SHOTS : ⬭⬭⬭⬭⬭

MEDICATION : ⬭⬭⬭⬭

OTHER TREATMENT : ⬭⬭⬭⬭

COMMENTS : ⬭⬭⬭⬭

NOTES :

VET. VISIT LOG

DATE : _____

AGE : ⬭ **TIME :** ⬭

Routine Visit : ⬭ **Emergency Visit :** ⬭

VET. DETAILS : _____

REASON FOR VISIT : _____

SHOTS : _____

MEDICATION : _____

OTHER TREATMENT : _____

COMMENTS : _____

NOTES :

_____
_____
_____
_____

VET. VISIT LOG

DATE : _____

AGE : ⬭   **TIME :** ⬭

Routine Visit : ⬭   **Emergency Visit :** ⬭

VET. DETAILS : _____

_____

REASON FOR VISIT : _____

SHOTS : _____

MEDICATION : _____

OTHER TREATMENT : _____

COMMENTS : _____

NOTES :

_____

_____

_____

_____

VET. VISIT LOG

DATE : _____

AGE : ⟨_____⟩   **TIME :** ⟨_____⟩

Routine Visit : ⟨___⟩   **Emergency Visit :** ⟨___⟩

VET. DETAILS : ⟨_____⟩

⟨_____⟩

REASON FOR VISIT : ⟨_____⟩

SHOTS : ⟨_____⟩

MEDICATION : ⟨_____⟩

OTHER TREATMENT : ⟨_____⟩

COMMENTS : ⟨_____⟩

NOTES :

_____
_____
_____
_____

VET. VISIT LOG

DATE : _____

AGE : ⬭   TIME : ⬭

Routine Visit : ⬭   Emergency Visit : ⬭

VET. DETAILS : ⬭

⬭

REASON FOR VISIT : ⬭

SHOTS : ⬭

MEDICATION : ⬭

OTHER TREATMENT : ⬭

COMMENTS : ⬭

NOTES :

_____

_____

_____

_____

VET. VISIT LOG

DATE : ————————————

AGE : ⬭   **TIME :** ⬭

Routine Visit : ⬭   **Emergency Visit :** ⬭

VET. DETAILS : ⬭

⬭

REASON FOR VISIT : ⬭

SHOTS : ⬭

MEDICATION : ⬭

OTHER TREATMENT : ⬭

COMMENTS : ⬭

NOTES :

_____

_____

_____

_____

VET. VISIT LOG

DATE : _____

AGE : _____   TIME : _____

Routine Visit : _____   Emergency Visit : _____

VET. DETAILS : _____

_____

REASON FOR VISIT : _____

SHOTS : _____

MEDICATION : _____

OTHER TREATMENT : _____

COMMENTS : _____

NOTES :

_____

_____

_____

_____

VET. VISIT LOG

DATE : _____

AGE : ⬭ **TIME :** ⬭

Routine Visit : ⬭ **Emergency Visit :** ⬭

VET. DETAILS : _____
_____

REASON FOR VISIT : _____

SHOTS : _____

MEDICATION : _____

OTHER TREATMENT : _____

COMMENTS : _____

NOTES :

_____
_____
_____
_____

VET. VISIT LOG

DATE : ——————————

AGE : ◯   **TIME :** ◯

Routine Visit : ◯   **Emergency Visit :** ◯

VET. DETAILS : ◯

◯

REASON FOR VISIT : ◯

SHOTS : ◯

MEDICATION : ◯

OTHER TREATMENT : ◯

COMMENTS : ◯

NOTES :

VET. VISIT LOG

DATE :

AGE : **TIME :**

Routine Visit : **Emergency Visit :**

VET. DETAILS :

REASON FOR VISIT :

SHOTS :

MEDICATION :

OTHER TREATMENT :

COMMENTS :

NOTES :

VET. VISIT LOG

DATE : _____

AGE : _____ **TIME :** _____

Routine Visit : _____ **Emergency Visit :** _____

VET. DETAILS : _____
_____

REASON FOR VISIT : _____

SHOTS : _____

MEDICATION : _____

OTHER TREATMENT : _____

COMMENTS : _____

NOTES :

_____
_____
_____
_____

VET. VISIT LOG

DATE : ——————————

AGE : ( )   **TIME :** ( )

Routine Visit : ( )   **Emergency Visit :** ( )

VET. DETAILS : ( )
( )

REASON FOR VISIT : ( )

SHOTS : ( )

MEDICATION : ( )

OTHER TREATMENT : ( )

COMMENTS : ( )

NOTES :

_____
_____
_____
_____

VET. VISIT LOG

DATE : _____

AGE : (_____)   **TIME :** (_____)

Routine Visit : (___)   **Emergency Visit :** (___)

VET. DETAILS : (_____)
(_____)

REASON FOR VISIT : (_____)

SHOTS : (_____)

MEDICATION : (_____)

OTHER TREATMENT : (_____)

COMMENTS : (_____)

NOTES :

_____

_____

_____

_____

VET. VISIT LOG

DATE : _____

AGE : ⬭ **TIME :** ⬭

Routine Visit : ⬭ **Emergency Visit :** ⬭

VET. DETAILS : _____

_____

REASON FOR VISIT : _____

SHOTS : _____

MEDICATION : _____

OTHER TREATMENT : _____

COMMENTS : _____

NOTES :

_____

_____

_____

_____

VET. VISIT LOG

DATE : _____

AGE : ( ) **TIME :** ( )

Routine Visit : ( ) **Emergency Visit :** ( )

VET. DETAILS : ( )
( )

REASON FOR VISIT : ( )

SHOTS : ( )

MEDICATION : ( )

OTHER TREATMENT : ( )

COMMENTS : ( )

NOTES :

_____
_____
_____
_____

VET. VISIT LOG

DATE : ————————————

AGE : ⟨_____⟩   **TIME :** ⟨_____⟩

Routine Visit : ⟨___⟩   **Emergency Visit :** ⟨___⟩

VET. DETAILS : ⟨_____⟩

⟨_____⟩

REASON FOR VISIT : ⟨_____⟩

SHOTS : ⟨_____⟩

MEDICATION : ⟨_____⟩

OTHER TREATMENT : ⟨_____⟩

COMMENTS : ⟨_____⟩

NOTES :

_____

_____

_____

_____

VET. VISIT LOG

DATE : _____

AGE : ⟨_____⟩   **TIME :** ⟨_____⟩

Routine Visit : ⟨____⟩   **Emergency Visit :** ⟨____⟩

VET. DETAILS : ⟨_____⟩
⟨_____⟩

REASON FOR VISIT : ⟨_____⟩

SHOTS : ⟨_____⟩

MEDICATION : ⟨_____⟩

OTHER TREATMENT : ⟨_____⟩

COMMENTS : ⟨_____⟩

NOTES :

_____
_____
_____
_____

VET. VISIT LOG

DATE : ———————————

AGE : ⬭   TIME : ⬭

Routine Visit : ⬭   Emergency Visit : ⬭

VET. DETAILS : ⬭
⬭

REASON FOR VISIT : ⬭

SHOTS : ⬭

MEDICATION : ⬭

OTHER TREATMENT : ⬭

COMMENTS : ⬭

NOTES :

_____
_____
_____
_____

VET. VISIT LOG

DATE : _____

AGE : ( )   **TIME :** ( )

Routine Visit : ( )   **Emergency Visit :** ( )

VET. DETAILS : ( )
( )

REASON FOR VISIT : ( )

SHOTS : ( )

MEDICATION : ( )

OTHER TREATMENT : ( )

COMMENTS : ( )

NOTES :

_____
_____
_____
_____

VET. VISIT LOG

DATE : _____

AGE : ⬭ **TIME :** ⬭

Routine Visit : ⬭ **Emergency Visit :** ⬭

VET. DETAILS : _____

_____

REASON FOR VISIT : _____

SHOTS : _____

MEDICATION : _____

OTHER TREATMENT : _____

COMMENTS : _____

NOTES :

_____

_____

_____

_____

VET. VISIT LOG

DATE : _____

AGE : ⬭   **TIME :** ⬭

Routine Visit : ⬭   **Emergency Visit :** ⬭

VET. DETAILS : _____
_____

REASON FOR VISIT : _____

SHOTS : _____

MEDICATION : _____

OTHER TREATMENT : _____

COMMENTS : _____

NOTES :

_____
_____
_____
_____

VET. VISIT LOG

DATE :

AGE :   **TIME :**

Routine Visit :   **Emergency Visit :**

VET. DETAILS :

REASON FOR VISIT :

SHOTS :

MEDICATION :

OTHER TREATMENT :

COMMENTS :

NOTES :

VET. VISIT LOG

DATE : _____

AGE : ⬭ **TIME :** ⬭

Routine Visit : ⬭ **Emergency Visit :** ⬭

VET. DETAILS : _____
_____

REASON FOR VISIT : _____

SHOTS : _____

MEDICATION : _____

OTHER TREATMENT : _____

COMMENTS : _____

NOTES :

_____
_____
_____
_____

VET. VISIT LOG

DATE : _____

AGE : ⬭   **TIME :** ⬭

Routine Visit : ⬭   **Emergency Visit :** ⬭

VET. DETAILS : _____
_____

REASON FOR VISIT : _____

SHOTS : _____

MEDICATION : _____

OTHER TREATMENT : _____

COMMENTS : _____

NOTES :

_____
_____
_____
_____

VET. VISIT LOG

DATE : _____

AGE : ⬭   **TIME :** ⬭

Routine Visit : ⬭   **Emergency Visit :** ⬭

VET. DETAILS : _____
_____

REASON FOR VISIT : _____

SHOTS : _____

MEDICATION : _____

OTHER TREATMENT : _____

COMMENTS : _____

NOTES :

_____

_____

_____

_____

VET. VISIT LOG

DATE : _____

AGE : ⬭ **TIME :** ⬭

Routine Visit : ⬭ **Emergency Visit :** ⬭

VET. DETAILS : _____
_____

REASON FOR VISIT : _____

SHOTS : _____

MEDICATION : _____

OTHER TREATMENT : _____

COMMENTS : _____

NOTES :

_____
_____
_____
_____

VET. VISIT LOG

DATE : _____

AGE : (_____)   **TIME :** (_____)

Routine Visit : ( )   **Emergency Visit :** ( )

VET. DETAILS : (_____)
(_____)

REASON FOR VISIT : (_____)

SHOTS : (_____)

MEDICATION : (_____)

OTHER TREATMENT : (_____)

COMMENTS : (_____)

NOTES :

_____
_____
_____
_____

VET. VISIT LOG

DATE : _____

AGE : ( ) **TIME :** ( )

Routine Visit : ( ) **Emergency Visit :** ( )

VET. DETAILS : (   )
(   )

REASON FOR VISIT : (   )

SHOTS : (   )

MEDICATION : (   )

OTHER TREATMENT : (   )

COMMENTS : (   )

NOTES :

_____
_____
_____
_____

VET. VISIT LOG

DATE : _____

AGE : (_____)　　**TIME :** (_____)

Routine Visit : (___)　　**Emergency Visit :** (___)

VET. DETAILS : (_____)
(_____)

REASON FOR VISIT : (_____)

SHOTS : (_____)

MEDICATION : (_____)

OTHER TREATMENT : (_____)

COMMENTS : (_____)

NOTES :

_____
_____
_____
_____

VET. VISIT LOG

DATE : _____

AGE : ⬭ **TIME :** ⬭

Routine Visit : ⬭ **Emergency Visit :** ⬭

VET. DETAILS : _____

_____

REASON FOR VISIT : _____

SHOTS : _____

MEDICATION : _____

OTHER TREATMENT : _____

COMMENTS : _____

NOTES :

_____
_____
_____
_____

VET. VISIT LOG

DATE : _____

AGE : ⬭   **TIME :** ⬭

Routine Visit : ⬭   **Emergency Visit :** ⬭

VET. DETAILS : _____

_____

REASON FOR VISIT : _____

SHOTS : _____

MEDICATION : _____

OTHER TREATMENT : _____

COMMENTS : _____

NOTES :

_____

_____

_____

_____

VET. VISIT LOG

DATE : _____

AGE : ⬭ **TIME :** ⬭

Routine Visit : ⬭ **Emergency Visit :** ⬭

VET. DETAILS : _____
_____

REASON FOR VISIT : _____

SHOTS : _____

MEDICATION : _____

OTHER TREATMENT : _____

COMMENTS : _____

NOTES :

_____
_____
_____
_____

VET. VISIT LOG

DATE : _____

AGE : ⬭⬭⬭   **TIME :** ⬭⬭⬭

Routine Visit : ⬭   **Emergency Visit :** ⬭

VET. DETAILS : _____
_____

REASON FOR VISIT : _____

SHOTS : _____

MEDICATION : _____

OTHER TREATMENT : _____

COMMENTS : _____

NOTES :

_____
_____
_____
_____

VET. VISIT LOG

DATE :

AGE : **TIME :**

Routine Visit : **Emergency Visit :**

VET. DETAILS :

REASON FOR VISIT :

SHOTS :

MEDICATION :

OTHER TREATMENT :

COMMENTS :

NOTES :

VET. VISIT LOG

DATE : _____

AGE : ⬭ **TIME :** ⬭

Routine Visit : ⬭ **Emergency Visit :** ⬭

VET. DETAILS : _____

_____

REASON FOR VISIT : _____

SHOTS : _____

MEDICATION : _____

OTHER TREATMENT : _____

COMMENTS : _____

NOTES :

_____

_____

_____

_____

VET. VISIT LOG

DATE : _____

AGE : ⬭　　　**TIME :** ⬭

Routine Visit : ⬭　　　**Emergency Visit :** ⬭

VET. DETAILS : _____

_____

REASON FOR VISIT : _____

SHOTS : _____

MEDICATION : _____

OTHER TREATMENT : _____

COMMENTS : _____

NOTES :

_____
_____
_____
_____

VET. VISIT LOG

DATE : —————————

AGE : ( )   TIME : ( )

Routine Visit : ( )   Emergency Visit : ( )

VET. DETAILS : ( )
( )

REASON FOR VISIT : ( )

SHOTS : ( )

MEDICATION : ( )

OTHER TREATMENT : ( )

COMMENTS : ( )

NOTES :

_____

_____

_____

_____

VET. VISIT LOG

DATE : ─────────

AGE : ⬭　　**TIME :** ⬭

Routine Visit : ⬭　　**Emergency Visit :** ⬭

VET. DETAILS : ⬭

⬭

REASON FOR VISIT : ⬭

SHOTS : ⬭

MEDICATION : ⬭

OTHER TREATMENT : ⬭

COMMENTS : ⬭

NOTES :

───────────────────
───────────────────
───────────────────
───────────────────

VET. VISIT LOG

DATE :

AGE : **TIME :**

Routine Visit : **Emergency Visit :**

VET. DETAILS :

REASON FOR VISIT :

SHOTS :

MEDICATION :

OTHER TREATMENT :

COMMENTS :

NOTES :

VET. VISIT LOG

DATE : ────────────

AGE : ( ) **TIME :** ( )

Routine Visit : ( ) **Emergency Visit :** ( )

VET. DETAILS : ( )
( )

REASON FOR VISIT : ( )

SHOTS : ( )

MEDICATION : ( )

OTHER TREATMENT : ( )

COMMENTS : ( )

NOTES :

_____

_____

_____

_____

VET. VISIT LOG

DATE : ————————————————

AGE : ◯   **TIME :** ◯

Routine Visit : ◯   **Emergency Visit :** ◯

VET. DETAILS : ◯

◯

REASON FOR VISIT : ◯

SHOTS : ◯

MEDICATION : ◯

OTHER TREATMENT : ◯

COMMENTS : ◯

NOTES :

_____

_____

_____

_____

VET. VISIT LOG

DATE : ————————————

AGE : ( )   TIME : ( )

Routine Visit : ( )   Emergency Visit : ( )

VET. DETAILS : ( )
( )

REASON FOR VISIT : ( )

SHOTS : ( )

MEDICATION : ( )

OTHER TREATMENT : ( )

COMMENTS : ( )

NOTES :

VET. VISIT LOG

DATE : _____

AGE : (_____)   **TIME :** (_____)

Routine Visit : (_____)   **Emergency Visit :** (_____)

VET. DETAILS : (_____)
(_____)

REASON FOR VISIT : (_____)

SHOTS : (_____)

MEDICATION : (_____)

OTHER TREATMENT : (_____)

COMMENTS : (_____)

NOTES :

_____
_____
_____
_____

VET. VISIT LOG

DATE : _____

AGE : ( ) **TIME :** ( )

Routine Visit : ( ) **Emergency Visit :** ( )

VET. DETAILS : ( )
( )

REASON FOR VISIT : ( )

SHOTS : ( )

MEDICATION : ( )

OTHER TREATMENT : ( )

COMMENTS : ( )

NOTES :

_____
_____
_____
_____

VET. VISIT LOG

DATE : _____

AGE : ⬭ **TIME :** ⬭

Routine Visit : ⬭ **Emergency Visit :** ⬭

VET. DETAILS : _____
_____

REASON FOR VISIT : _____

SHOTS : _____

MEDICATION : _____

OTHER TREATMENT : _____

COMMENTS : _____

NOTES :

_____
_____
_____
_____

VET. VISIT LOG

DATE :

AGE : **TIME :**

Routine Visit : **Emergency Visit :**

VET. DETAILS :

REASON FOR VISIT :

SHOTS :

MEDICATION :

OTHER TREATMENT :

COMMENTS :

NOTES :

VET. VISIT NOTES

VET. VISIT NOTES

VET. VISIT NOTES

Made in the USA
Monee, IL
28 December 2022

23874804R00070